# James McSill
# Nano Fregonese

# Book in a Box

Técnicas Básicas para Estruturação de Romances Comerciais

Cena e Estória

São Paulo, 2013

# Book-in-a-Box

## Cena e Estória

Copyright© DVS Editora 2013
Todos os direitos para a língua portuguesa reservados pela editora.

Nenhuma parte dessa publicação poderá ser reproduzida, guardada pelo sistema "retrieval" ou transmitida de qualquer modo ou por qualquer outro meio, seja este eletrônico, mecânico, de fotocópia, de gravação, ou outros, sem prévia autorização, por escrito, da editora.

**Coordenação Editorial:** Giuliana Trovato Castorino
**Produção Gráfica, Diagramação:** McSill Story Consultancy
**Capa:** McSill Story Consultancy

```
Dados  Internacionais  de  Catalogação  na  Publicação   (CIP)
       (Câmara  Brasileira  do  Livro,  SP,  Brasil)

       McSill, James
          Book in a box : técnicas básicas para
       estruturação de romances comerciais : cena e
       estória / James McSill, Nano Fregonese. --
       São Paulo : DVS Editora, 2013. -- (Book in a box)


          1. Arte de escrever 2. Escritores 3. Romances -
       Arte de escrever I. Fregonese, Nano. II. Título.
       III. Série.


13-04930                                      CDD-808.3

            Índices para catálogo sistemático:
         1. Romances comerciais : Arte de escrever :
               Literatura    808.3
```

James McSill
Nano Fregonese

# Book in a Box

Técnicas Básicas para Estruturação
de Romances Comerciais

Cena e Estória

www.dvseditora.com.br
São Paulo, 2013

# Sumário

Apresentação 7

Introdução 13

Afinal, o que são estórias? 17

A cena 25

Primeira lição: experimentando uma cena de ação 33

Segunda lição: a cena de verdade 45

Terceira lição: cena de ação e cena de reação 61

Sequela: pelo lado de dentro 77

Ação e reação: microestrutura da cena 89

# Apresentação

O que você tem em mãos são as notas que faço nas minhas viagens, no que chamo de "meu caderno de exercícios". Ele é o fruto do meu estudo, vivência e experiência. Em suas páginas registro ideias que se transformam em palestras ou treinamentos – como este do qual agora você participa.

Os exercícios, anotações e eventos foram criados especialmente para você!

O curso se divide em três manuais, cada um correspondendo a três horas de treinamento, nos quais vemos técnicas simples e úteis para que você possa dar início a um romance de ficção ou, porque não, incrementar um romance que já esteja escrevendo. É possível, também, utilizar estas técnicas na elaboração de "estorinhas" que farão parte, digamos, de uma obra de autodesenvolvimento.

Embora se diga que há técnica para isto e para aquilo, no frigir dos ovos, tudo é a mesma coisa: estória. O que a gente aprende, por exemplo, num *workshop* como este – criar um romance básico –, servirá para estruturar, quiçá, um livro de receitas nordestinas que venha a fazer sucesso no Paraná.

Pois bem, esta jornada precisava de um título. Chamei-a de: **Book-in-a-Box**.

Em inglês, de onde tirei a expressão, significa *um livro que já vem pronto*. Isto é, feito comida que se tira da caixinha, pronta para colocar no forno e tornar-se o jantar do dia.

A experiência **Book-in-a-Box** pode se dar de diversas formas: estudos online, análise solitária do manual, palestra presencial e, dependendo das circunstâncias, apresentações em 3D – preparem os óculos. O mais importante, no entanto, é a disposição para aprender e escrever, escrever, escrever.

Ah! Na logomarca do **BOOK-IN-A-BOX**, ao lado, diz assim: **copyright James McSill 2013**. Isto quer dizer que o material (junto do meu nome e das minhas santas técnicas) só poderá ser usado por você. Ele  não pode ser usado como base para palestras, eventos ou aulas e também não pode ser partilhado com amigos.

Cada encontro de treinamento terá três horas de duração, divididas em:

- Apresentação;
- Teoria;
- Exercícios e atividades;
- Feedback e comentários.

E se você ficar perdidinho?

Sem problema! Anote as perguntas. Haverá oportunidade de revermos conceitos e sanar as suas principais dúvidas antes do intervalo e no fim das três horas de treinamento. Se a dúvida não for desproporcional, poderei ajudá-lo por email.

Como disse, dependendo do organizador do treinamento, a apresentação poderá ser em 3D, outras vezes, 2D, outras ainda, poderá ser assistido do conforto da sua casa por canal de TV.

Para as apresentações em 3D, quando me ver escrevendo na tela ou na hora em que fizer os exercícios, pode – aliás, deve – tirar os óculos 3D.

Divirta-se!

Com carinho,

Olá, colega.

Há algum tempo eu estava exatamente onde você está, estudando técnicas, lendo livros, fazendo exercícios – tudo para tentar aprender um pouco mais sobre o fascinante ofício da escrita. Hoje, porém, após pouco mais de cinco anos de dedicação, eis que me vejo junto do meu tutor, James McSill, neste trabalho.

Minha contribuição está em mostrar aquilo que me foi mais útil enquanto eu aprendia (e continuo a aprender): dicas e teorias especialmente valiosas, detalhes que funcionam para valer na prática, exercícios que ajudam a assimilar conhecimento, exemplos que socorrem, etc.

Entretanto, talvez minha maior contribuição seja a de dizer a você que é possível, sim, se tornar um escritor melhor, um escritor profissional. Não tenha medo das lições, pelo contrário, apaixone-se por elas. Criar estórias é uma das coisas mais lindas que uma pessoa pode fazer. O mundo precisa de mais contadores de estórias e tudo o que você verá a seguir foi elaborado para te ajudar, para te mover para frente.

Quando conheci o James eu estava, como muitos outros, vagando por aí, com ideias legais na cabeça, mas sem saber muito bem o que fazer com elas. Eu já tinha feito cursos de cinema e roteiro, estudado HQ's por conta própria, lido sabe-se-lá quantos livros de técnicas, visitado centenas de blogs. Mesmo assim tudo ainda me parecia misterioso. Não que isso me impedisse de escrever, minha gaveta estava forrada de sonhos e manuscritos prontinhos. Só que nada acontecia!

Então, de repente, eu fui a uma palestra e conheci o James. Lá, em pouco mais de seis horas, eu aprendi mais sobre a prática da escrita do que em anos de estudo teórico. Fiquei contente ao ver que algumas das coisas que eu fazia estavam corretas, mas havia outras (pencas e pencas) de bobagens e que eu achava estarem certas. Muito do que ouvi não foi fácil. Pois é, nada que vale é fácil.

Quando saí daquela palestra, cheio de informações novas na cabeça, eu refleti por um tempão. Concluí que tudo o que eu mais queria era ser um escritor, um contador de estórias. Então decidi deixar o sonho de lado. Sonhos são ótimos para a fantasia, mas raramente sobrevivem à realidade se você não tiver um plano. No lugar do sonho, dentro de mim nasceu um **objetivo: ser escritor!**

Desde então, estudei com o James, fiz workshops, escrevi muito e comecei a entender de forma cada vez mais clara o que existe por trás das estórias. E me apaixonei completamente pela teoria. Aí está uma coisa legal das estórias... dá para amá-las em vários níveis, tanto na forma quanto no conteúdo.

Recentemente, o James me convidou para trabalhar com ele. Você pode imaginar a minha felicidade! Alguma coisa eu devo estar fazendo direito, certo?

Nas suas mãos você tem, não apenas toda a experiência e sabedoria do James McSill, mas também a minha alegria, empolgação e responsabilidade em transmitir algo que faça a diferença. Espero que estes estudos façam por você o mesmo que fizeram por mim, que eles criem o **objetivo** de ser um escritor. E um dos bons.

Desejo uma ótima jornada.

Grande abraço,

NaNø Fregonese

*Uma Nota Sobre os Rabiscos:*

Na primeira vez que trabalhei com o James, por meio de um tutorial on-line, não pude deixar de notar os desenhos e rabiscos que ele fez para explicar a teoria que tão bem domina. Ele, do outro lado do mundo, juntava pequenos traços que de repente se transformavam em exemplos claros e gritantes. Guardo esses desenhos até hoje, e sou muito grato a eles.

Tenho certeza que você, leitor, atento como é, também percebeu o estilo das ilustrações deste manual. Elas são simples, diretas, por vezes até mesmo infantis, mas é nisso em que se diferem.

As ilustrações foram feitas visando entregar a mesma experiência de conversar com James McSill, a mesma tranquilidade e diversão.

Para nossa lição, o importante não é a qualidade artística do desenho, mas que ele sirva ao seu propósito. Tal como o escritor que rabisca livremente em guardanapos, soltando a imaginação, nossas ilustrações servem para, além de instruir, permitir que você fique à vontade, sem pressão. Relaxado você pode liberar a criatividade que sabemos que possui.

Divirta-se,

Nano Fregonese

# Introdução

*Contos de fadas não existem para mostrar que dragões são reais. As crianças já sabem que dragões são reais. Contos de fadas existem para mostrar que dragões podem ser vencidos.*

— Gilbert Chesterton

Então você quer escrever estórias? Isso é ótimo.

Acreditamos que poucas atividades são tão divertidas e nobres quanto o ato de contar uma estória. Foi assim que nos agregamos como espécie e civilização há milhares de anos. Foi assim que pudemos transmitir conhecimento e cultura por tempo o bastante a ponto de desenvolvermos tecnologia, ciências, artes... enfim, uma identidade. Contar estórias é uma das coisas que nos torna humanos. E tudo começou com um homem, sentado no meio de um círculo de pessoas, falando para os membros de sua tribo.

Todos contamos estórias. Da mais tenra infância ao limiar da vida, marcamos nossa existência nessa terra por meio de estórias. Você conta estórias todos os dias, dezenas delas, de forma automática.

*Espera um momento*, você deve estar pensando. *Se eu conto estórias todos os dias, por que é que preciso de alguém para me ensinar? Não basta simplesmente ir criando?*

Na verdade, não.

Sim, todos contamos estórias, mas a maneira como contamos nos diferencia. Nos primórdios da nossa civilização, quando ainda nos dividíamos em tribos ou clãs, com certeza todo mundo contava estórias uns aos outros, mas existiam poucos xamãs. Poucos com a função de instruir todo o grupo. Poucos que detinham o conhecimento de como pegar uma estória qualquer e a insuflar de vida, garantindo assim que ficasse marcada na mente de uma geração.

Se você está lendo este livro, é porque deseja ser mais do que um simples escritor. Você deseja ser lido, deseja que as estórias que você cria alcancem um grande número de pessoas e ganhem vida na imaginação delas, não é? Nós sabemos que é. Nós sentimos o mesmo chamado.

Só que para isso algumas coisas são necessárias: dedicação, estudo e técnica.

*Técnica? Mas e quanto ao talento? Eu sou um grande escritor, não me basta talento? Não me diga que os velhos xamãs usavam técnicas!*

Sim, eles usavam. Eles (tal como nós) contavam suas estórias utilizando elementos que garantiam ao público uma identificação, formas que soavam naturais à sua audiência. Sabe como eles faziam? Imitando a vida.

Não importa de que época ou lugar venhamos, nós experienciamos o que chamamos de vida por meio de estórias. Nossas grandes conquistas e fracassos são divididos com aqueles que mais amamos por meio de contos e relatos que usam as mesmas técnicas que você vai aprender aqui. E isso é *tão* legal porque nos *aproxima*. No fundo, dividimos a mesma jornada.

Toda estória, por mais fantasiosa que seja, é inspirada na vida.

*Tá, só falta vocês dizerem que existe uma teoria pra vida!*

Ora, é claro que existe. E você está prestes a começar uma viagem onde irá identificá-la, compreendê-la e aprender a ressaltar seus elementos mais importantes.

Pronto para dar vida à sua estória?

# Afinal, o que são estórias?

Existe por aí uma penca de livros definindo "estória" e alegando entregar o curso definitivo de técnicas literárias. Alguns afirmam ter soluções absolutas e inovadoras para o ofício. Atenção!!!

Embora conhecimento não ocupe espaço, é bom sempre manter o senso crítico. Dê preferência aos livros mais "humildes", aqueles que buscam entender a essência das estórias e que honram o que já foi feito por milênios.

Estudiosos renomados, tanto no meio da literatura quanto do roteiro cinematográfico (James Scott Bell, Dave McKean, Syd Field, etc), ainda seguem a boa e velha ideia de que uma estória se resume à seguinte frase:

*Alguém quer alguma coisa e precisa superar obstáculos para conseguir.*

Vamos analisar essa frase com a devida calma. Quais elementos podemos destacar?

Dica: são **três**.

Escreva-os abaixo (sem espiar a resposta):

Elementos da História

a)

b)

c)

Conseguiu identificar **três** elementos? Por que os escolheu? Qual o grau de importância deles, na sua opinião? Dá para abrir mão de algum? Quando entendemos o porquê das coisas todo o estudo fica mais fácil.

A seguir vamos analisar a resposta. Não se preocupe se errou alguma coisa. Estamos apenas esquentando os motores. Eis a nossa definição de estória, com os elementos destacados:

**Alguém** que ***quer alguma coisa*** e precisa superar ***obstáculos*** para conseguir.

Alguém. Quer alguma coisa. Obstáculos.

A partir disso podemos concluir os elementos principais das estórias:

a) Alguém = Personagem
b) Quer Alguma Coisa = Objetivo
c) Obstáculos = Conflito

Pronto. A sua estória precisa ser sobre *alguém com um objetivo e que passa por conflitos para conseguir alcançá-lo*. Simples. Isso é uma estória.

Pense nas melhores estórias que você já contou, aquelas que valem a pena ficar gravadas na sua lembrança. Provavelmente elas tratam de você perseguindo um desejo e, apesar das dificuldades no caminho, alcançando (ou não) seu objetivo. Pois é, essas são as estórias que marcam.

Guarde esses elementos na cabeça pois eles vão ajudar você a se encontrar quando estiver perdido no meio de pilhas e pilhas de anotações que acabará fazendo. Use os elementos como uma *bússola*.

Então, a primeira coisa que queremos que você pense (caso já tenha uma estória em mente) é:

- Quem é o meu personagem principal?

_____

_____

_____

- O que ele quer?

_____

_____

_____

- Que conflitos encontrará para alcançar seu objetivo?

_____

_____

_____

Ótimo, de posse dessas informações você já conseguirá traçar um rascunho mental da sua estória dentro do que chamamos de **estrutura**. Quer ver?

A *estrutura clássica* (a da maioria das estórias) se baseia em *três atos*:

No **começo** nós vamos apresentar o nosso **personagem**. Vamos mostrar sobre quem é a nossa estória. Ainda no **começo** o nosso personagem terá definido o seu **objetivo**. Aquilo que ele **quer**.

Todo o **meio** será dedicado aos **conflitos**. Quais dificuldades o personagem precisa superar? O meio é a superação do personagem, suas constantes lutas.

Até que chegamos ao **fim**, onde o personagem passa pelo **clímax**. No clímax nós deixamos o leitor saber se **o personagem atinge ou não** o objetivo. É a resposta. Sucesso ou fracasso. Vida ou morte. Riso ou choro.

**Exemplo:** Star Wars Episódio IV:

Uma Nova Esperança

Luke Skywalker é um rapaz simples que trabalha na fazenda dos tios em um planeta desértico. Ele, então, intercepta uma mensagem da princesa rebelde Léia. Luke quer ajudar os rebeldes contra o malvado Império. **Começo.**

Luke passa por muitas aventuras, encontra um mentor, vários aliados e aprende a usar a Força. Ele supera uma série de desafios e descobre mais sobre os planos aterradores do Império. **Meio.**

Luke parte para a batalha definitiva contra o Império. Se ele for bem sucedido, destruirá a principal arma de seus oponentes; se falhar, a galáxia continuará sob domínio do mal. Usando a Força, Luke destrói a Estrela da Morte. Sucesso. **Fim.**

E é basicamente isso.

Claro que existe muito mais teoria e pequenos detalhes sobre a estrutura de uma estória, mas calma. Este é só o nosso primeiro encontro.

Preocupe-se em compreender o *básico*, em assimilar os elementos e perceber a importância deles. Qual o papel que desempenham? Por que são tão *essenciais*?

E nunca se esqueça:

*Alguém quer alguma coisa e precisa superar obstáculos para conseguir.*

Com isso passamos pelo básico do *macro* da estória. O plano geral. O rascunho. Mas, como na moda, em uma boa estória muitas vezes o que nos chama a atenção são os detalhes.

O que seriam, então, os *detalhes*? O *micro* da estória? A unidade fundamental? Aquilo com que, encadeando-se uma após a outra, alcança-se uma estória completa?

Quer tentar adivinhar?

# A cena

Como dito anteriormente, *a cena é a unidade fundamental da estória*. É como uma pequena estória dentro de outra maior. Por meio do encadeamento de diversas cenas nós chegamos ao todo, ao livro completo, e é por isso que ela merece ser tratada com carinho.

Você está começando os estudos no ofício da escrita profissional e, como em toda carreira, deve começar do menor e, conforme adquire mais conhecimento e experiência, alça voos mais altos. A **cena** será o seu principal objeto de estudo neste primeiro encontro.

*Por que a cena? Por que não a estrutura toda de uma vez?*

Porque é mais fácil escrever uma cena do que um romance inteiro.

Se você dominar a técnica da criação de cenas, o *micro* da estória, então será muito mais fácil estudar o *macro*. Absorva aquilo que já conversamos sobre estrutura, mas, por hora, foque sua atenção na arte de criar essas pequenas e simpáticas unidades fundamentais.

Começando pelo básico, então: **O que é uma cena?**

Emprestando o conhecimento do mago dos roteiros cinematográficos, Syd Field, poderíamos criar nossa própria definição de cena como algo mais ou menos assim:

**Cena** *é algo acontecendo em determinado lugar em determinado espaço de tempo.*

Tal como fizemos com a definição de estória, que tal identificarmos os **elementos** da cena? Vamos lá, liste-os abaixo:

Acreditamos que você deve ter respondido muito mais rápido do que respondeu à questão sobre estória, não é? Está vendo como fica mais simples quando estudamos do menor para o maior? Estudar cenas é uma delícia, e extremamente útil.

Vamos destacar os elementos da cena:

Cena é **algo acontecendo** em **determinado lugar** em **determinado espaço de tempo**.

Algo acontecendo. Lugar. Tempo.

Quanto a **algo acontecer** isso é moleza, certo? É a ideia geral da sua cena, aquilo sobre o que você quer escrever. Pode ser qualquer coisa, uma perseguição de carro, uma discussão de casal, um exorcismo. Tanto faz. Isso é com você e com a sua poderosa imaginação.

É com **lugar** e **tempo** que a coisa começa a ficar um pouco mais complicada. Veja, sempre que houver quebra no espaço ou no tempo, haverá quebra de cena. Quando você quebrar seja o espaço ou o tempo, estará iniciando outra cena. Fica mais fácil com exemplos. Se eu escrevo:

*Meio dia em ponto, Pedro terminou o almoço. Ele se recostou na cadeira e esperou a mulher misteriosa. Eram nove e meia da noite quando ela finalmente entrou na sala.*

Houve quebra para uma outra cena?

Sim, houve. Tivemos quebra no tempo, saltamos do meio-dia para as nove e meia da noite. Com a quebra no

tempo criamos uma quebra de cena, ou seja, uma cena nova.
O mesmo ocorre se realizarmos uma quebra de espaço:

> *Pedro aguardava na sala a mulher misteriosa, quando sentiu vontade de fazer xixi. No banheiro escuro, totalmente rabiscado com mensagens ofensivas, ele se aliviou pelo que pareceu uma hora.*

Nós transferimos Pedro da sala para o banheiro. Quebramos o espaço e, por isso, também quebramos a cena. O que acontece no banheiro é uma cena nova.

Mas há uma pegadinha!

No primeiro exemplo, se, em vez de quebrar a cena eu descrevesse tudo o que acontecesse, do almoço até as nove e meia, seria outra cena?

Não, não seria. Não haveria quebra no tempo. Seria uma coisa contínua. Assim, não haveria quebra de cena.

O mesmo se dá na questão do espaço. Se em vez de apenas dizer que Pedro estava no banheiro, eu o descrevesse fazendo todo o caminho da sala até a porta do banheiro, depois ele entrando, indo até o vaso, seria uma nova cena? Não. Não houve quebra de espaço. Tivemos um fluxo contínuo, logo, nada de quebra de cena.

Isso parece mais difícil do que realmente é. Não se assuste. Só estamos definindo por uma questão de organização. Existem autores que gostam de cobrir apenas uma cena por capítulo, outros cobrem várias. A escolha é sua. Quando e se tiver dúvidas, volte até aqui e releia, ok?

Relembrando, então:

*Cena é algo acontecendo em determinado lugar em determinado espaço de tempo.*

Não precisamos de mais do que isso.

Maravilha. A cena já está definida, mas para que serve, afinal de contas? Como usá-la adequadamente?

Cena serve para três coisas:

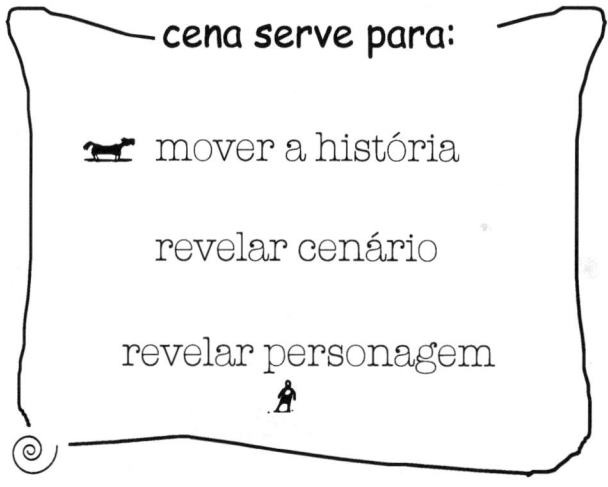

O motivo mais comum para se escrever uma cena **é mover a estória** do ponto A ao ponto B. Lembre-se que do encadeamento de cenas surge a estória, então, coisas precisam acontecer nestas cenas para que a trama se mova. *O casal principal finalmente tem uma noite de amor; o herói tem um duelo de espadas com o vilão; o marido da protagonista*

*é assassinado*. O que quer que decida mostrar, deve causar ação. Se uma cena terminar no mesmo ponto em que começou, então sua estória não se moveu (a ideia de estória se movendo dentro de cenas é bem abordada por Dave McKean, outro mestre dos roteiros cinematográficos).

Podemos usar a cena para **revelar cenário**. Isso serve para demonstrar elementos importantes do cenário que terão alguma função na estória. Pode ser que, na primeira cena do seu livro, você mostre uma arma pendurada na parede da sala. Na cena climática, aquela será a arma que o mocinho usa para matar o bandido. Ou talvez, no seu livro, algumas árvores sejam mágicas e possam se comunicar, por isso você decide fazer uma cena logo no início em que o protagonista está no jardim e acha ter ouvido uma voz, um aviso.

A cena também é utilizada para **revelar personagem**. Você cria uma situação que pode não ser tão importante para a estória, mas ajuda a revelar detalhes sobre os seus personagens.

Acredite em nós quando dizemos: é muito mais eficaz mostrar uma cena onde o seu mafioso dá uma surra sanguinária em três pessoas do que simplesmente falar que ele é um cara nervoso.

Cena serve para qualquer uma dessas funções. Escritores mais experientes, contudo, as utilizam para fazer as **três coisas ao mesmo tempo**.

Dito isso, é bom que você....

## não use cena só para:

Não utilize uma cena só para dar uma informação, a menos que esta informação mova a estória, revele cenário ou revele personagem. Se a sua cena se resume a descrever uma árvore azul que não serve para nada, então talvez ela não devesse estar na estória.

Você está sendo muito paciente com a gente e por isso prometemos que vamos dar só mais um pequeno detalhe de teoria e depois vamos para as atividades, combinado?

Cena se divide em duas partes: *cena de ação (ou meramente cena) e cena de reação (ou sequela).*

Pronto, só isso. Não se preocupe, ainda, em entender essa divisão. Vamos falar dela no momento adequado. Agora é hora de colocar a mão na massa.

# Primeira lição: experimentando uma cena de ação

Você se lembra do primeiro dos elementos da estória? Sim, personagem!

Uma estória sempre será a respeito de **alguém**, se for sobre "alguma coisa", essa "alguma coisa" deverá ser antropomorfizada, isto é, tida como humana. Por que isso? Para criarmos, por meio do personagem, uma **identificação** com o leitor.

Quer ver como funciona?

*O vizinho voltava da feira quando sua galinha escapou. A pobre ave correu para o meio da rua e virou recheio de sanduíche entre o asfalto e o pneu de um ônibus.*

O ônibus, desgovernado, se chocou com uma árvore e lhe arrancou diversos galhos.

Por fim, ainda fora de controle, o ônibus derrapou na pista e esmagou nossa pequena irmãzinha, que brincava na calçada.

Sua emoção foi mais forte ao pensar em quem? Na árvore, na galinha ou na nossa irmã?

Claro que na irmãzinha. Em suma, o nosso cérebro reage com "mais emoção" quando há uma maior identificação com o personagem.

Ao criarmos uma cena, queremos que o leitor se identifique com o "**alguém**" da nossa cena.

Pois bem, pense em uma cena e depois pergunte a si mesmo:

**1. O que o seu personagem principal quer?**

**2. Quem/o que o impede de conseguir?**

**3. O que acontece de desastroso quando o seu personagem principal da cena "força a barra" para conseguir?**

Perceba que, só por responder às questões acima, você terá um rascunho de cena sobre o qual trabalhar. Uma direção, um senso do caminho a percorrer. Legal, não é mesmo? Muitas vezes o truque está em entender a simplicidade das coisas.

*Ready, steady, GO!**

Que tal um pouco mais de prática?

**Exercício:**

Observe a figura a seguir.

Agora use a imaginação – afinal, você é um talentoso artista – e escreva um **diálogo** de 12 linhas que conte uma estória. E *diálogo,* aqui, é a reprodução da fala, mesmo; nada de pensamento, gestual. NADA.

Imagine que seja uma novela radiofônica, ou que você é cego e foi ao teatro: ouve, mas não enxerga. **Pela fala, apenas**, você terá de entender o que está acontecendo, o que já aconteceu e o que, espera-se, vai acontecer.

Sugiro que escreva um diálogo "pingue-pongue", isto é, um personagem fala e o outro responde. Assim você inicia logo na ação e não perde muito tempo pensando.

Para este exercício você tem 15 minutos.

---

\* Eu me dei a liberdade de utilizar uma expressão em inglês. Dica: não faça tal coisa nos livros que venha a escrever. Misturar uma língua com a outra é brega – brega mesmo! –, mostra um escritor "vendido" a outras culturas. Ah! E nota de rodapé é horrível. Se não fosse para chamar a atenção para esses errinhos básicos eu nem teria usado. (Coloquei e apaguei sete vezes antes de, finalmente, deixar aqui essas notas). Putz! Usar parênteses mata o texto.

1. Rainha
2. Duende
3. Rainha
4. Duende
5. Rainha
6. Duende
7. Rainha
8. Duende
9. Rainha
10. Duende
11. Rainha
12. Duende

Agora você deve estar pensando...

> DOZE LINHAS NÃO DÁ PARA NADA!

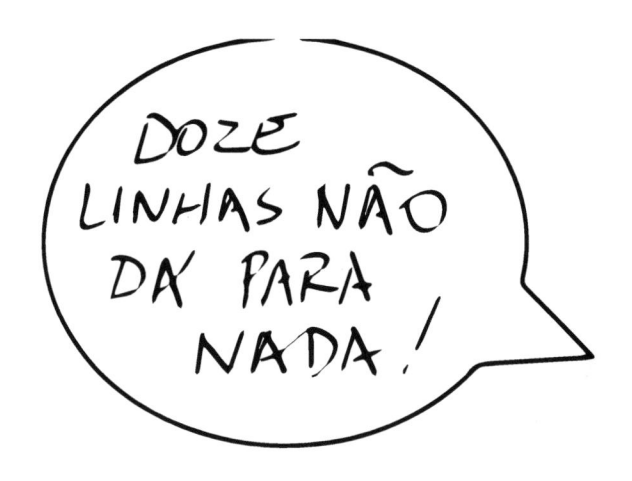

**Dá, sim!** Olhe uma de minhas bobagens:

— Bem ruim...

— Bem ruim, mesmo.

— Seu parente?

— Sou português e não tenho parente no Reino Unido, só amigos.

— Tem certeza?

— Não sou louco. Se tivesse um parente morando aqui por que não diria?

— Aquela pessoa perdeu uma perna e muito sangue, mas ainda está vivo.

— E?

— É que... por que ele teria implorado aos paramédicos para avisar o homem moreno na janela, sentado sozinho no vagão do trem de York para Leeds?

— Sei lá.

— Você sabe as consequências de mentir para a Força Policial de Sua Majestade? O homem que saiu na ambulância poderia ser seu irmão gêmeo, mesmo ovo, sabe... iguais.

— Irmão gêmeo? Ele? Mas ele já estava enrolado feito peru quando o trem parou, como ele teria me visto na janela?

**Viu? Fácil, fácil.**

Você que é escritor ou ama escrever é naturalmente super criativo. Vai produzir algo espantoso, excepcional, engraçado, tocante ou uma combinação de tudo isto.

**Exercício: 15 minutos, nem mais, nem menos!**

1. Rainha
_____
_____
_____

2. Duende
_____
_____
_____

3. Rainha
_____
_____
_____

4. Duende
_____
_____
_____

5. Rainha
_____

_____

_____


6. Duende
_____

_____

_____


7. Rainha
_____

_____

_____


8. Duende
_____

_____

_____

9. Rainha

10. Duende

11. Rainha

12. Duende

**Terminou? Maravilha.**

Agora você tem 5 minutos para reescrever o diálogo e 10 minutos para lê-lo para o colega ao lado e **ter absoluta certeza** de que ele entendeu o básico da cena.

Se você está fazendo este curso online, troque as anotações através de e-mail com um dos colegas virtuais. Se está estudando sozinho, leia o exercício para um amigo, filho, esposa, vizinho ou para aquela pessoa em que você está de olho, mas que não sabe como puxar papo.

**Neste ponto o seu colega poderá comentar:**

- Será que o que você escreveu é instigante?
- Você usou um vocabulário simples ou quis se mostrar e se perdeu na oratória?
- Deu para, mais ou menos, entender qual será a estória?
- O ritmo ficou razoável?

Aproveite as críticas para melhorar o diálogo. Se em algum momento tiver que descrever – isto é, esclarecer ou explicar – o cenário ou o que o personagem está pensando, é porque você **não** escreveu o texto **adequadamente**.

Lembre-se: **o seu colega é o tal cego no teatro**, apenas ouvindo o diálogo ele terá de perceber:

- Sobre o que falam;
- Por que falam;

- Quais as consequências dessa conversa;

- O que o personagem A quer e por que o personagem B se opõe;

- O que os personagens pensam quando falam, mas não expressam;

- Se A ganhar a batalha o que você imagina que acontecerá? E se for o B?

- Em que contexto, isto é, em que cenários físico e emocional o diálogo ocorre.

**Nota Importante:** ou o diálogo já diz quase tudo – isto é, prende o seu interesse – ou não diz nada.

Voltemos a seu colega:

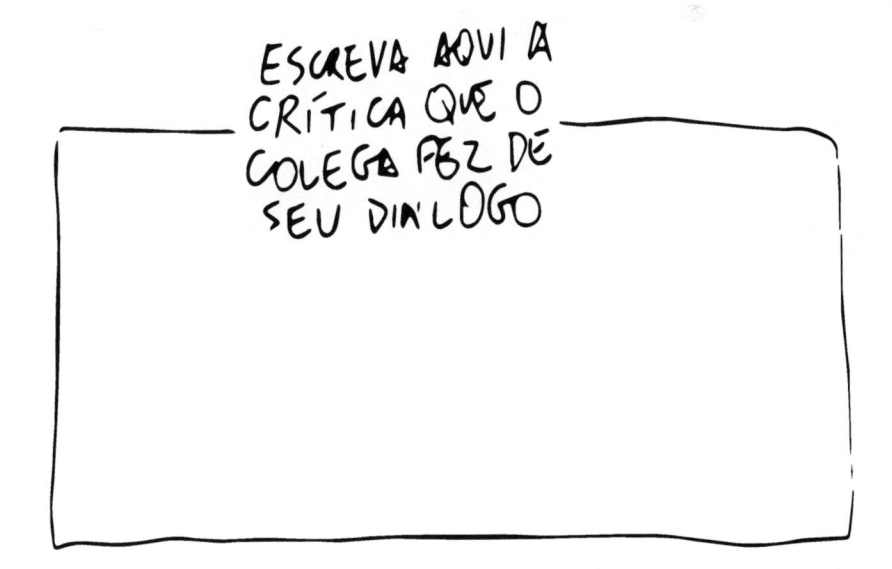

*ESCREVA AQUI A CRÍTICA QUE O COLEGA FEZ DE SEU DIÁLOGO*

Doeu ao ouvir a crítica? Pois é, sempre dói! Mas a coisa ainda vai piorar.

Leia a crítica recebida em voz BEM alta para que seja ouvida por todos no auditório – ou do outro lado do Atlântico se o curso for online.

Sim! Autor profissional não teme críticas, recebe-as de braços abertos.

# Segunda lição: a cena de verdade

Vamos aprender mais um pouquinho de teoria?

Temos certeza que você se recorda do primeiro elemento fundamental de uma estória: **personagem**. Pois bem, ao escrever uma cena, ele também é umas das primeiras coisas com as quais você deve se preocupar.

Quando você decide o personagem principal da cena, você manda uma mensagem ao leitor. Você diz: *ei, é esse cara aqui que nós vamos acompanhar*. É *por meio dos olhos, mente e coração dele que vivenciaremos tudo o que vai ocorrer até o fim desta cena*. É importante que você não minta para o seu público.

Em livros mais antigos era comum que diversos personagens dividissem o foco dentro de uma mesma cena. Isto é cada vez menos usado. Hoje nós escolhemos um personagem e seguimos com ele, mostrando a sua **visão única** e **particular** de mundo. Por que fazemos isso? Porque a **identificação** gerada é muito maior.

Além disso, se você ficar pulando de uma visão de mundo — de uma percepção — para outra, pode acabar criando uma salada e confundindo o leitor. Não, nada disso. É melhor criar conexão com um personagem por vez.

Vejamos o que Jerry Cleaver, autor do livro *Immediate Fiction* e criador do *Writers' Loft*, diz sobre isso:

> Um único Ponto de Vista tende a ser mais forte e mais intenso já que, na vida real, nós só temos uma percepção, uma mente. Nós nos acomodamos dentro de um único personagem e lá ficamos sem esperar pular para dentro da cabeça dos outros. Caso o escritor prefira pular para a cabeça de vários personagens, os Pontos de Vistas devem ser cuidadosamente trabalhados, do contrário a experiência será confusa e causará distração.

Você pode achar que isso vai, de alguma forma, enfraquecer a sua estória ou deixá-lo em desvantagem. Calma. Na prática, o que observamos é justamente o inverso. Quando você apresenta um personagem e trabalha em cima da sua percepção única, você está dando ao leitor a chance de **ser** aquele personagem. Você poderá demonstrar como ele vê as coisas, como se sente em relação a elas e por que o faz. Você tornará o leitor, por aquele capítulo, cúmplice do personagem. E cumplicidade é um vínculo muito forte, não é?

Pois bem, só que para criar essa conexão você não pode quebrar a magia. A partir do momento que você escolhe um personagem, você deve seguir com ele. Se, na sua cena, você está narrando a partir do Ponto de Vista do detetive herói, não dá para, de repente, descrever o que a secretária está pensando. Ora, como é que o detetive saberia o que ela pensa? Só se fosse um telepata!

Ao escolher um personagem, você está limitado à percepção dele, aos pensamentos e sentimentos dele, apenas.

Vamos experimentar na prática.

**Exercício:**

Retome a atividade que fizemos há pouco. Para continuar você terá que escolher apenas UM protagonista da cena. Qual escolhe, a Rainha ou o Duende?

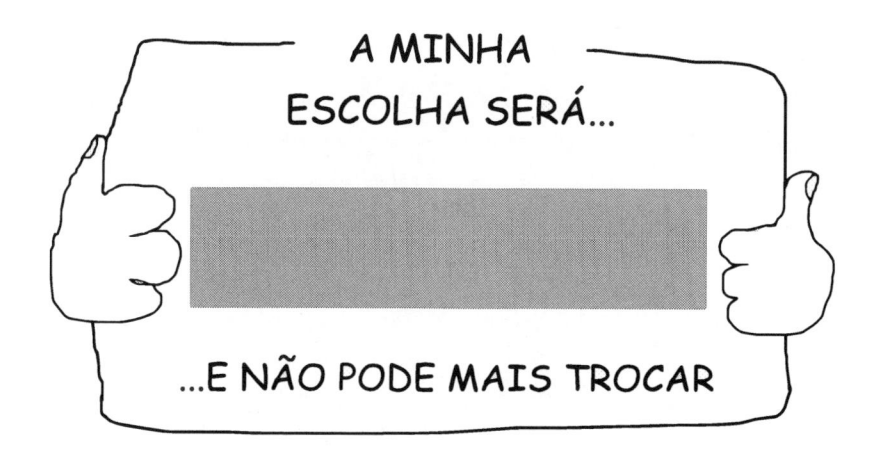

A MINHA ESCOLHA SERÁ...

...E NÃO PODE MAIS TROCAR

Por que não pode mais trocar?

Além daquilo que já explicamos sobre *não quebrar a mágica*, saiba que o ideal, numa trama mais curta, é mostrar a estória apenas pela perspectiva de um dos personagens. Um autor com mais prática até pode se dar a liberdade de jogar com pontos de vistas múltiplos; no entanto, sempre dizemos aos nossos autores (e a grande maioria deles atinge publicação comercial): MENOS É MAIS.

Então...

Escolheram o personagem ponto de vista (PDV)?

Pois bem:

**1. O que foi que ele (a) pensava enquanto interagia com o interlocutor?**

NOTA: esses pensamentos devem ter a ver apenas com o que está acontecendo naquele momento. O que se passou na vida do PDV quando criança (passado que não tem diretamente a ver com a conversa da cena) ou vai acontecer no futuro distante (planos) é assunto para daqui a pouco.

Enumere os pensamentos do seu PDV.

( )..................................................................................
..................................................................................
..................................................................................
..................................................................................

( )..................................................................................
..................................................................................
..................................................................................
..................................................................................

( )..................................................................................
..................................................................................
..................................................................................
..................................................................................

( )..................................................................................
..................................................................................
..................................................................................
..................................................................................

(    )..............................................................................
..............................................................................
..............................................................................
..............................................................................

(    )..............................................................................
..............................................................................
..............................................................................
..............................................................................

(    )..............................................................................
..............................................................................
..............................................................................
..............................................................................

(    )..............................................................................
..............................................................................
..............................................................................
..............................................................................

A seguir, reescreva o diálogo numa folha à parte. Insira o pensamento por entre as falas.

Como ficou?

Ficou um tanto distorcido?

Tudo bem!

Ainda não chegou a hora de se preocupar com a linguagem. Sim, o português está meio tortinho, sem ritmo, com erros, e seria provável que a D. Maricota, professora aposentada de Língua Portuguesa, mudasse um monte de coisas. No entanto, o nosso foco agora é a Estória, a construção de uma trama viável. Avalie seu exercício levando isso em consideração.

Copie aqui o seu diálogo com os pensamentos inseridos. Lembre-se de que pensamos antes de falar, falamos enquanto pensamos ou falamos antes de pensar. Qual efeito terá um ou outro? O artista decide! Na hora de inserir pensamento, a fala pode mudar um pouquinho, sinta-se à vontade para ser criativo (mas sem exagero, ou *mela* tudo! Lembre-se: *menos é mais*).

_____

_____

_____

_____

Segue um exemplo, com os pensamentos destacados em **negrito**. Salientamos, porém, que se trata de um simples exemplozinho, heim? Não estamos dizendo que este texto seria publicado e nem que é publicável!!! Pegue leve com a gente.

— Bem ruim...

— Bem ruim, mesmo.

— Seu parente?

**Ele me conhece?**

— Sou português — **decido dizer, caso ele me conheça mesmo, ou tenha informação prévia a meu respeito** — e não tenho parente no Reino Unido — concluo —, só amigos.

— Tem certeza? — **ouço-o perguntar.**

— Não sou louco. Se tivesse um parente morando aqui por que não diria?

— Aquela pessoa perdeu uma perna e muito sangue, mas ainda está viva.

— E...?

**Depressa, Andrew. Aí vem bomba de verdade. Se prepare. Vai enfrentar cana e deportação.**

— É que... por que ele teria implorado aos paramédicos para avisar o homem moreno na janela, sentado sozinho no vagão do trem de York para Leeds? Você sabe as consequências de mentir para a Força Policial de Sua

Majestade? O homem que saiu na ambulância poderia ser seu irmão gêmeo, mesmo ovo, sabe... iguais.

**Intrigado**, digo:

— Irmão gêmeo? Ele? Mas ele estava enrolado feito peru quando o trem parou, como ele teria me visto na janela?

Você conseguiu? Sabíamos que conseguiria. Sem grande segredos, não é mesmo? Deu para perceber a profundidade que começa a se impor na estória?

Ótimo. Agora vamos para aquela parte super agradável: as críticas. Vá atrás das críticas e comentários dos colegas e repare como elas começam a doer menos.

*ESCREVA AQUI A CRÍTICA QUE O COLEGA FEZ DE SEU DIÁLOGO*

## Hora de refletir...

Nestas meras três horinhas não haveria tempo de discutir gênero literário, mas agora que vocês estão com uma cena de ação 1/3 pronta, que tal discutirmos um pouquinho o que entendemos por *literatura*?

As opiniões vão variar! Ainda bem! O conceito de literatura que você tiver, que vai ser diferente do meu e dos colegas, vai influenciar *como* você finalizará a cena! Isto é, a cena vai ganhar a *voz do autor*: a sua voz!

### TEXTO PARA REFLEXÃO E DISCUSSÃO

Tentar definir *literatura* é uma tarefa pra lá de complicada. Mais prático, talvez, seja achar um caminho para decidir o que torna um texto *literário*.

As definições mais comuns de literatura a associam à ideia de estética, ou melhor, da existência de um procedimento estético. O texto só será literário se produzir um efeito estético e provocar catarse no receptor. Parece mais simples, né? Nem tanto! A própria natureza do caráter estético nos leva mais uma vez à dificuldade de elaborar uma definição estável de *texto literário*.

Para simplificar, vamos comparar por oposição o texto científico ao artístico:

No texto científico usam-se palavras sem se preocupar com a beleza ou qualquer efeito emocional. Palavras são meros instrumentos para expressar pensamentos, fatos, etc.

Já no texto artístico, a beleza e a emoção são a maior preocupação do artista. Lógico que o escritor também quer instruir e transmitir certas ideias ao leitor, mas, diferente do texto científico, o texto literário junta instrução e estética... como toda obra de arte exige.

O texto científico utiliza as palavras no seu sentido dicionarizado, denotativamente. Já o artístico as emprega com liberdade, preferindo o sentido figurado. O que o texto literário quer é emocionar. Para isso se utiliza da língua com liberdade, beleza e também enfocando o sentido metafórico das palavras.

A compreensão do fenômeno literário tende a ser marcada por alguns sentidos, alguns de forma mais enfática na estória da cultura ocidental, outros diluídos entre os muitos usos que o termo assume nos circuitos de cada sistema literário particular.

Assim, temos uma concepção "clássica", surgida durante o Iluminismo (que podemos chamar de "definição moderna clássica", que organiza e estabelece as bases de periodização usadas na estruturação do cânone ocidental); uma definição "romântica" (na qual a presença de uma intenção estética do próprio autor torna-se decisiva para essa caracterização); e, finalmente, uma "concepção crítica" (na qual as definições estáveis tornam-se passíveis de confronto, e a partir da qual se buscam modelos teóricos capazes de localizar o fenômeno literário e, apenas nesse movimento, "defini-lo"). Deixar a cargo do leitor individual a definição implica uma boa dose de subjetivismo (postura identificada com a matriz romântica do conceito de *literatura*); a menos que se queira ir às raias do solipsismo, encontrar-se-á alguma necessidade para um diálogo quanto a esta questão. Isto pode, entretanto, levar ao extremo oposto, de considerar como literatura apenas aquilo que é entendido como tal por toda a sociedade ou por parte dela, tida como autorizada à definição. Esta posição não só sufocaria a renovação na arte literária, como também limitaria excessivamente o *corpus* já reconhecido.

Seja como for, a partir das fontes "clássica", "romântica" e "crítica", nascem diferentes conceitos de literatura. E essa pluralidade não impede as classificações de gênero e exposição de autores e obras.

O texto foi extraído da WIKIPEDIA, mas nós parafraseamos certas partes. Você consegue identificar onde introduzimos nossa voz?

Complicado?

Definir literatura e gênero literário é complicado para todo mundo. O importante é que você saiba que tipos de estórias quer escrever, que mensagens quer passar.

Pois bem...

Volte ao seu texto, leia com cuidado e complete o exercício a seguir:

## QUE QUERO DIZER...

1. em <u>uma</u> palavra:

2. em <u>uma</u> frase:

_____
_____
_____
_____

# Terceira lição: cena de ação e cena de reação

Até aqui você já aprendeu o que é uma cena, para que ela serve e como torná-la mais poderosa, gerando maior identificação com o leitor. Estamos confiantes que podemos aprofundar um pouco mais.

Lá no começo deste livro, quando teorizávamos sobre estórias e cenas, nós dissemos:

*Cena se divide em duas partes: cena de ação (ou meramente cena) e cena de reação (ou sequela).*

Lembra?

Muito bem, a partir de agora veremos do que se tratam essas duas partes, e que funções desempenham.

Vale ressaltar que a sistemática que abordaremos adiante é bastante elogiada pelo escritor Randy Ingermanson. Randy foi um cara que sofreu bastante até dominar dezenas de técnicas. Quando isso finalmente ocorreu, ele se tornou um autor de sucesso e também o que alguns críticos chamam de *"Mentor de Escrita Superstar"*.

Você já aprendeu que deve escolher um personagem principal para a sua cena. Este personagem será o detentor do ponto de vista (PDV). A partir dele e da resposta a três perguntas...

**1. O que o seu personagem principal quer?**

**2. Quem/o que o impede de conseguir?**

**3. O que acontece de desastroso quando o seu personagem principal "força a barra" para conseguir?**

... você consegue o rascunho – ou visão geral – da sua cena. Agora é questão de deixá-la mais *profissional*.

Começando pela **cena de ação** (ou meramente *cena*), destacamos alguns elementos que precisam estar presentes:

## elementos da cena de ação

> objetivo
> 
> obstáculos
> 
> desastre

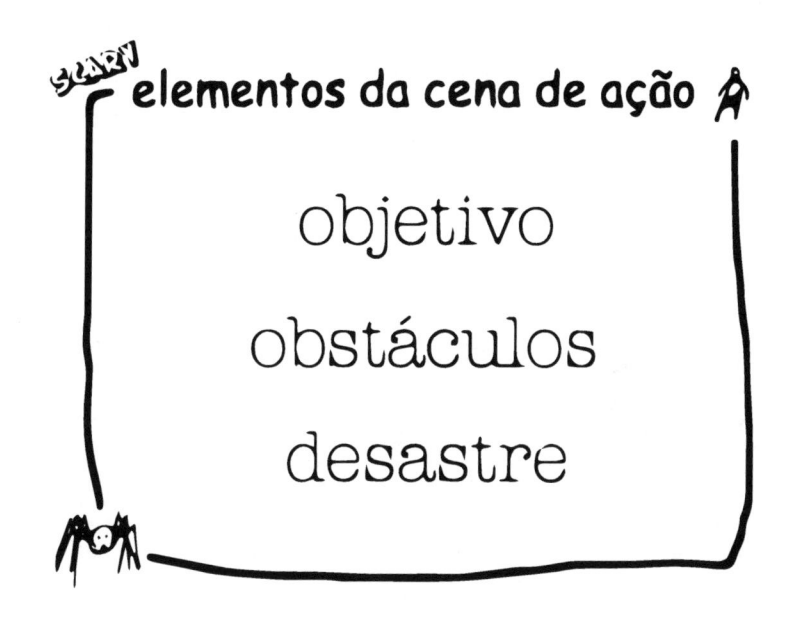

Você já estabeleceu o seu personagem, ponto de vista (PDV), então já começou bem. Pergunte-se agora o que esse personagem quer. **Qual é o objetivo dele nesta cena específica?**

ATENÇÃO: trata-se do objetivo na **cena** e **não na estória**. A razão de o **objetivo** ser um elemento essencial é porque ele torna o personagem proativo, um cara que vai atrás do que quer em vez de um zé mané que fica sentado sem fazer nada. Nós tendemos a nos identificar com pessoas proativas.

Uma vez estabelecido o objetivo, podemos partir para os problemas. **Quais obstáculos posso colocar entre**

**o personagem e seu objetivo?** Ora, se o personagem alcançar seu objetivo muito facilmente a cena não terá graça nenhuma. A razão para termos **obstáculo** como elemento fundamental na cena é entreter o leitor. Conquistas não valem de nada se não houver luta. Para dar uma boa experiência emocional ao leitor você precisa mostrar superação, dificuldades, suor... ou seja, desafios.

E finalmente chegamos ao último elemento da cena de ação. **Que desastre acontece ao meu personagem que o impede de alcançar o objetivo?** *Que maldade*, você diz. *Por que fazer isso com o pobre personagem?* Bom, a razão para o **desastre** ser um elemento fundamental é simples: *vencer é chato*. Quando uma cena termina em sucesso, o leitor não tem motivos para virar a página. Caso o seu personagem esteja feliz e alegre porque tudo deu certo, existe a chance de que o leitor feche o livro e vá dormir. Não! Não deixe o personagem alcançar o objetivo, faça algo terrível acontecer com ele, *deixe a situação complicada a ponto do leitor ter que virar a página para ver como as coisas se resolverão.*

E estes são os três elementos que uma cena de ação caprichada precisa ter. Você deve mantê-los na cabeça, estudá-los e depois praticar. Serão de grande ajuda no futuro, conforme você se desenvolve como escritor.

Vamos ver se você prestou atenção...

A seguir estão os elementos fundamentais que examinamos. Escreva, sem espiar, a razão de ser de cada um deles. Por que são importantes?

- Objetivo: _____

_____

_____

_____

_____

- Obstáculos: _____

_____

_____

_____

_____

- Desastre: _____

_____

_____

_____

_____

Muito bom. É bem mais fácil estudar quando compreendemos o porquê de certas coisas, não acha?

Mas tem mais uma coisinha que queremos falar sobre cena/sequela, e esta informação você usará imediatamente, nos próximos exercícios.

A cena é a parte que diz respeito à objetividade, ao que acontece aqui e agora, bastante semelhante ao que vemos em cenas de filmes. Na cena você mostra coisas acontecendo. Guarde isso. *Coisas acontecendo.* É o que você fez até agora nos exercícios e o que queremos que continue fazendo. O que acontece? Como o personagem PDV interage com outros personagens? Como ele interage com o cenário? Como se desenvolvem os diálogos?

Vamos usar um **exemplo** para esclarecer:

Filipe, coitado, passou a manhã correndo de um lado a outro, debaixo de um sol escaldante. Quando já era quase meio-dia, sem aguentar mais de tanta sede, ele repara em um prédio de escritórios.

*Vou pra lá, mas é agora mesmo*, pensa.

— Bom dia — diz ao segurança que assiste uma pequena TV. — Onde posso encontrar um bebedouro aqui?

O segurança o ignora por completo, entretido com o que seja lá que estiver passando na TV.

*Só me faltava essa*, pensa Filipe. Sua boca tão seca que até areia o refrescaria.

Filipe avalia o ambiente ao redor. Uma simples catraca o separa do interior do prédio. Uma brisa refrescante parece soprar lá de dentro, como se o convidasse. *Maravilha, ar-condicionado.* Como quem não quer nada, ele força seu caminho pela catraca.

A barra metálica se move alguns centímetros sem que o segurança repare. Filipe sorri e avança ainda mais, porém eis que a catraca o trai. A barra trava na metade do caminho, fazendo um barulhão.

– Ei – diz o segurança. – O que pensa que está fazendo, seu meliante?

Filipe sente a mão pesada o agarrar pelo colarinho e o erguer do chão.

Pronto. Aí está um exemplo de cena de ação. Temos nosso personagem PDV – Filipe – e temos coisas acontecendo a ele. Simples e objetivo. Filipe age, conversa, interage com o ambiente, etc. Eu aproveitei para colocar um objetivo, certos obstáculos e um desastre apenas para que você treine identificá-los, mas, por enquanto, não se preocupe demais com eles. Haverá tempo para estudá-los e praticar mais tarde.

A **sequela**, por outro lado, é subjetiva, se passa dentro da cabeça do personagem. Nela você mostrará reflexões, pensamentos, etc. Ao contrário da cena de ação, você não pode ver uma sequela em uma cena de cinema, já que ela acontece internamente. Eis aqui uma das grandes vantagens da literatura.

Vamos voltar à prática, então, e preparar o terreno para o aprendizado sobre *Sequela*.

**Exercício:**

Antes de o seu **personagem principal da cena de ação** começar a "pensar" – desta vez a respeito do que lhe aconteceu no passado para que ele agisse ou reagisse da forma como agiu ou reagiu NA CENA; e/ou por que ele acabou se metendo no problema em que se meteu NA CENA – vamos concluir a cena de ação.

Nesta altura você já está com as linhas do diálogo prontas e com os "pensamentos/reações internas" do personagem PDV inseridas. Vamos, então, introduzir o GESTUAL, isto é, a interação dos personagens com o ambiente.

O *cenário*, ou seja, o ambiente físico e psicológico, terá duas funções:

    1. Dar ao leitor a ESPERANÇA de que tudo vai se resolver.

    2. Dar ao leitor um MEDO INTENSO de que tudo poderá ficar pior ainda.

Ou seja, lembre-se de que o cenário, embora sirva para "cenário mesmo", tem também a função de levar a trama adiante.

Exemplo:

**Errado:** De dentro do carro eu via a fachada escura da casa de Maria, as janelas da casa tinham as luzes acesas. Eu pretendia descer do carro e esclarecer por que Maria...

**Melhorzinho:** De dentro do carro, as janelas da casa de Maria me observavam como dois gigantescos olhos amarelados, acusavam-me de um crime que eu não pretendia cometer...

ESQUEMATIZEM AQUI O SEU CENÁRIO

**DICA:** Menos é mais!

ESBOCEM AQUI O GESTUAL DOS PERSONAGENS

E Agora?

A próxima etapa será juntar tudo em seu diálogo.

**Nota:** quando juntamos tudo podemos (a) cortar as redundâncias – evitar mostrar duas vezes a mesma coisa, (b) o que for menos relevante pode ser apenas contado, ou seja, a gente poderá passar o diálogo, que está em **discurso direto**, para **discurso indireto** ou **discurso indireto livre**. Lembram-se desta matéria nas aulas de Português?

Veja um exemplo:

– Bem ruim...
– Bem ruim, mesmo – concordo, para depois olhar para ele.
Ele se atira no assento paralelo ao meu, do outro lado do corredor.
– Seu parente?
A pergunta dele, ou a estranheza da pergunta, explode nos meus ouvidos como uma bomba atômica. **Ele me conhece?**
– Sou português – decido dizer, caso ele me conheça mesmo, ou tenha informação prévia a meu respeito – e não tenho parente no Reino Unido – concluo –, só amigos.
Os olhos azuis dele aumentam de tamanho. A pele pálida, que se torna subitamente rosada, denuncia que não acredita. Volto-me para a janela e vejo os homens de colete amarelo e mais três policiais olhando para mim, me encarando.
– Tem certeza? – ouço-o perguntar.

Passo a minha mochila para o colo e volto a olhar para o policial antes de responder.

– Não sou louco. Se tivesse um parente morando aqui por que não diria?

– Aquela pessoa perdeu uma perna e muito sangue, mas ainda está viva – explicou, com um leve gesto da cabeça.

– É que...

**Depressa Andrew. Aí vem bomba de verdade. Se prepare. Vai enfrentar cana e deportação.**

– É que – continua ele –, por que ele teria implorado aos paramédicos para avisar o homem moreno na janela, sentado sozinho no vagão do trem de York para Leeds? Você sabe as consequências de mentir para a Força Policial de Sua Majestade? O homem que saiu na ambulância poderia ser seu irmão gêmeo, mesmo ovo, sabe... iguais.

Intrigado e sentindo os meus joelhos apertarem, levo o dedo teso na direção da janela. O policial já está sacudindo a cabeça como um boneco de mola, quando digo:

– Irmão gêmeo? Ele? Mas ele estava enrolado feito peru quando o trem parou, como ele teria me visto na janela?

Pois bem, escreva aqui a sua cena de ação completa!

_____

_____

_____

_____

_____

_____

_____

_____

_____

_____

_____

_____

_____

Agora sim, podemos mergulhar no estudo sobre a cena de reação!

# Sequela: pelo lado de dentro

Você aprendeu que a cena de ação é onde coisas *acontecem*, é onde o personagem PDV *atua*. Ele corre, pula, conversa, foge, xinga, se declara e tudo o mais que a sua imaginação puder criar. Depois disso tudo, porém, para tornar uma cena realmente completa, nós fazemos uso de um artifício que é um dos grandes trunfos da literatura quando comparada a outras artes (como o cinema): nós *vamos para dentro do personagem*.

A **sequela** pode ser definida como o *efeito interior do personagem à cena de ação que vivenciou*. Por isso também chamamos a sequela de cena de *reação*, pois ela é desencadeada pela cena de ação.

Com a sequela nós damos ao leitor a chance de experimentar os acontecimentos em outro nível. Sim, é verdade que ele já testemunhou tudo o que ocorreu na cena de ação, mas ele ainda não sabe os efeitos disso dentro do personagem. Teria o personagem ficado frustrado, nervoso, irritado, feliz? Quais são seus pensamentos a respeito do que aconteceu? Por que ele pensa assim? Teria se lembrado de algo parecido de seu passado longínquo?

Percebe? A sequela oferece uma grande liberdade para mostrar, de fato, quem é o personagem. Com ela o leitor pode adentrar à essência daquela personalidade, pode *compreendê-la*. Um poderoso vínculo é criado, e esse vínculo é tudo o que o seu leitor deseja ao ler um livro.

Legal. A primeira coisa que você tem que saber sobre a sequela é que ela vem **depois** da cena de ação.

Se você prestou atenção no que falamos a respeito da cena de ação, então recorda que ela deve terminar com um **desastre**, uma situação complicadora para o personagem, não é mesmo? Ora, quando algo do tipo acontece com a gente na vida real, o que fazemos? Nós simplesmente fazemos outras coisas e depois outras e outras? Não! **Nós refletimos.** Nós respiramos. Nós nos recuperamos e pensamos no que devemos fazer. Procuramos solucionar o problema. Isso é psicologia básica! Isso é sequela!

A cena de ação se desenrola e culmina em um desastre. É aí o ponto certo para fazer o personagem entrar em sequela. É como se o desastre fosse um momento "opa, para tudo". O personagem vai para dentro de sua mente e coração e avalia tudo aquilo que acabou de ocorrer.

Para criar uma sequela satisfatória, devemos atentar para alguns detalhes. Nela, tal como na cena de ação, temos três elementos de destaque:

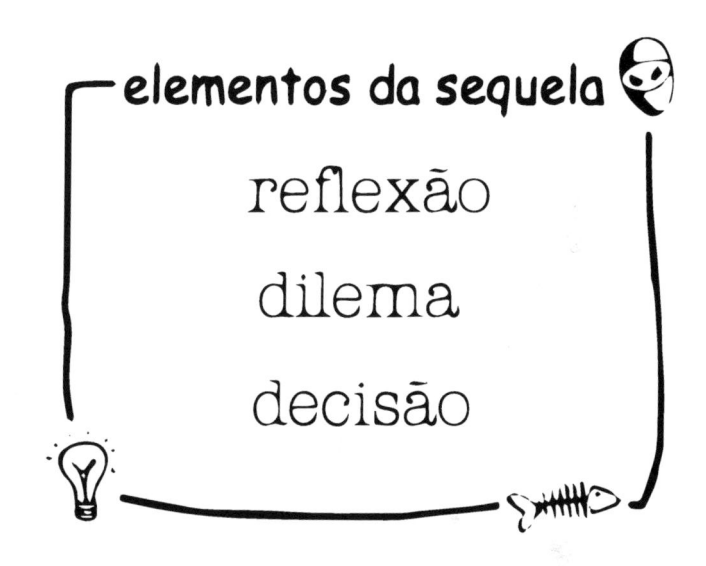

**elementos da sequela**

reflexão

dilema

decisão

A **reflexão** surge logo após o **desastre**, logo após o momento "opa, para tudo". É algo instintivo, natural, que não pode ser evitado. Pense em como você fica quando um desastre acontece na sua vida. Você sente e pensa algumas coisas no modo automático. Reflexão se trata disso. Mostre o personagem PDV reagindo de forma visceral, lamentando, com medo/raiva/angústia. Só que não dá pra ficar na lamentação para sempre. Nós não queremos que o seu personagem seja um bobão que fica chorando e não age, não é? Não. É por isso que a reflexão nos leva ao segundo elemento.

O **dilema** é uma situação complicada onde não há, de verdade, uma saída fácil. Após sofrer o **desastre** e passar pela **reflexão**, o seu personagem precisa achar uma solução para o problema em que se meteu. O que ele fará a seguir? Ele lista as opções e, francamente, nenhuma delas é muito boa. O personagem PDV fica em um dilema, sem saber qual é o menor dos males.

Por fim, a **decisão** ocorre quando o personagem opta por uma linha de ação. Ele abandona as dúvidas do **dilema** e escolhe um novo caminho a seguir. Note que aqui estamos tornando o personagem proativo novamente, tal como no início da cena de ação. Proatividade gera identificação com o leitor. Pessoas que nunca tomam decisões são chatas, e ninguém quer ler sobre pessoas chatas. Por este motivo, então, você faz o seu personagem tomar uma decisão (e com ela nasce um novo objetivo), e agora temos toda uma nova linha de ação que será demonstrada em outra cena.

E é isso aí. Ao passar pela cena de ação e depois pelos elementos da sequela você criou um ciclo completo e está pronto para a sua próxima cena, onde repetirá a mesma estrutura e assim por diante, até o fim do livro.

O padrão cena/sequela é importante pois ele nos dá uma sensação de realismo, já que é assim que a nossa mente funciona: vivenciamos algo, refletimos, tomamos decisões que nos levam a vivenciar algo novamente, refletimos sobre esse novo algo, tomamos outras decisões e assim por diante. É tudo uma questão de cena-sequela, cena-sequela, cena-sequela até onde você desejar. Claro que uma hora teremos um ponto onde o personagem principal terá a sua vitória ou derrota definitiva e aí o livro acabará, mas, até lá, se você fizer bom uso da estrutura apresentada aqui, conseguirá carregar seu leitor na jornada da sua estória.

Uma estória é feita do encadeamento de cenas, lembra? Quando explicamos a cena de ação, usamos o exemplo do Filipe. Que tal se nós expandirmos aquele **exemplo** com uma sequela e vermos como fica?

Filipe, coitado, passou a manhã correndo de um lado a outro, debaixo de um sol escaldante. Quando já era quase meio-dia, sem aguentar mais de tanta sede, ele repara em um prédio de escritórios.

*Vou pra lá, mas é agora mesmo*, pensa.

– Bom dia – diz ao segurança que assiste uma pequena TV. – Onde posso encontrar um bebedouro aqui?

O segurança o ignora por completo, entretido com o que seja lá que estiver passando na TV.

Só me faltava essa, pensa Filipe. Sua boca tão seca que até areia o refrescaria.

Filipe avalia o ambiente ao redor. Uma simples catraca o separa do interior do prédio. Uma brisa refrescante parece soprar lá de dentro, como se o convidasse. *Maravilha, ar-condicionado*. Como quem não quer nada, ele força seu caminho pela catraca.

A barra metálica se move alguns centímetros sem que o segurança repare. Filipe sorri e avança ainda mais, porém eis que a catraca o trai. A barra trava na metade do caminho, fazendo um barulhão.

— Ei — diz o segurança. — O que pensa que está fazendo, seu meliante?

Filipe sente a mão pesada o agarrar pelo colarinho e o erguer do chão.

**[Aqui entra a sequela]**

As pernas tremem incontrolavelmente e o estômago parece ter se transformado numa máquina de fazer gelo. Aquele segurança é enorme, capaz de quebrar os finos braços de Filipe sem muito esforço.

*Por que, Deus? Por que tenho que passar por essa humilhação? Eu só queria beber um pouco de água e agora vou morrer.*

O segurança aproxima aquele rosto monstruoso e esboça um pequeno sorriso, de forma muito semelhante a que os idiotas do colégio costumavam fazer, anos atrás. Naquela época Filipe baixava a cabeça e aceitava qualquer humilhação que quisessem lhe infligir. Será que se fizesse isso o segurança terminaria logo?

*Quem sabe se eu implorar ele me deixa ir.*

Mas Filipe não queria baixar a cabeça nem implorar. Não novamente.

Poderia tentar correr, fugir, mas, preso como estava na catraca, talvez não fosse rápido o bastante. Ou talvez pudesse...

Filipe se anima com o pensamento maldoso.

Voltando a tomar consciência dos próprios membros inferiores, ele foca toda a sua atenção na ponta do joelho direito. A perna se move subitamente e, com uma força que nem sabia que tinha, Filipe acerta uma joelhada bem no meio das pernas do segurança.

Assim temos uma cena completa, com cena de ação e sequela, uma após a outra, com todos os elementos importantes. Repare como a decisão de Filipe gera toda uma nova situação que pode ser bastante explorada em outra cena. Aliás, temos certeza que você já imaginou um monte de possíveis continuações para o que acabou de ler. Escrever um livro é isso.

Quer experimentar?

Vamos treinar um pouco de sequela.

Partindo da cena que você vem aprimorando desde a primeira lição e do seu recém adquirido conhecimento sobre cenas de reação, **complete os quadros a seguir:**

OH, MEU DEUS! POR QUE ISTO ACONTECEU JUSTO COMIGO?

DEIXEM O PDV REFLETIR ATÉ QUE...

## REFLETE E REFLETE E REFLETE...

Vou por esse caminho? Ou...

Vou por esse?
Qual será o **menos** pior? O **menos** perigoso?

E é por esse que vou!

*... VOU POR AQUI ESTA É A MINHA DECISÃO*

E a minha decisão vai me levar a escrever (relatar) a minha próxima cena de ação!

A decisão tomada pelo seu personagem será o gancho para a próxima cena de ação, que levará à próxima cena de decisão, que levará ao gancho da próxima cena e assim por diante, até terminar a sua estória.

**Não se esqueça:**

**Dica 1**: De quantas cenas e ação/reação precisará para formar um capítulo? Vai, claro, precisar de pelo menos **uma** por capítulo. Mas poderá ser **uma e meia, duas, três...** Você decide e o editor **julga**.

**Dica 2**: Um capítulo poderá omitir uma cena de reação, mas não poderá omitir uma cena de ação, seja física ou psicológica.

Agora as ferramentas básicas para a criação de uma super cena estão quase todas à sua disposição. Se você tiver energia, porém, existem mais algumas dicas de como tornar seus escritos ainda mais diferenciados.

Vamos a elas?

# Ação e reação: microestrutura da cena

*Minha nossa*, você diz. *Tem mais coisa para aprender sobre cena de ação e sequela? Eu já estou craque em toda essa teoria.*

Ficamos muito felizes em saber disso, pois cena de ação e sequela criam a estrutura básica das cenas que originarão o seu livro. Mas elas não são tudo. Existem pequenos detalhes, bem menores que toda essa coisa de elementos essenciais. São detalhes escondidos nos parágrafos, nas frases da sua cena. Eles dizem respeito à forma e à ordem como você escreve e são chamados de **Unidades de Ação/Reação**.

**Nota:** Sabemos que "Unidade de Ação/Reação" é um nome horrível. Temos que pedir desculpas por isso.

Acontece que Dwight Swain – escritor, professor e autor de livros de técnicas, dentre eles o famoso *Techniques of the Selling Writer* – foi o primeiro a fazer uso dessa nomenclatura em seus cursos de técnica de escrita. Assim, achamos que é uma boa homenagem continuar utilizando o mesmo nome.

Voltando à teoria...

A boa notícia é que boa parte da lógica por trás das Unidades de Ação/Reação você já absorveu ao aprender sobre cena e sequela. Um é objetivo e outro subjetivo. Um diz respeito a coisas acontecendo e outro diz respeito à reflexão e decisão sobre estas coisas.

A má notícia, contudo, é que você deve aplicar esse conhecimento às suas frases e parágrafos. Todos eles.

Ao escrever, você deverá considerar o que é ação e o que é reação.

• **Ação:** é tudo aquilo que é externo ao personagem PDV, tudo o que ele pode ver (ou cheirar, ouvir, etc.), tudo o que é objetivo. Simples. Direto. Sem enrolação. Quando for escrever algo assim, use um parágrafo.

**Exemplo:** O monstro saiu da caverna.

• **Reação:** a reação, por outro lado, é interna e subjetiva ao personagem PDV. Você deve apresentá-la exatamente da forma como o seu personagem a experimenta, deve atentar ao que se passa dentro dele, do momento em que vivenciou a ação, o que sentiu, ao que decidiu fazer. Aqui você fará o seu leitor *ser como o personagem*. Quando for escrever a reação, *faça em outro parágrafo*.

**Exemplo**: A adrenalina correu pelo corpo do cavaleiro. Ele buscou o cabo da espada em sua cintura, puxou a arma, apontou para o coração do monstro e avançou.
– Morra, ser infernal!

Você deve ter notado que a cena/sequela é como uma imensa unidade de ação/reação. A lógica de uma serve para a outra.

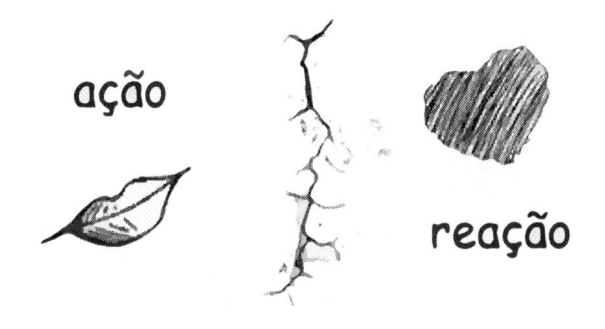

ação

reação

Nós pedimos para você escrever ação/reação em parágrafos diferentes para que pratique. A leitura fica mais fácil e agradável para o leitor quando a separação entre uma coisa e outra fica melhor evidenciada. Sabe por quê? Porque nós fazemos essa diferenciação na nossa cabeça. Estamos simplesmente imitando uma função natural do ser humano. É isso o que gera a sensação de realismo.

Sabemos que parece complicado, mas na prática você notará que já faz algo bastante parecido de forma natural. Não se assuste. Vá praticando aos poucos e deixe o conhecimento ir sendo assimilado gradualmente. Mas pratique. Escreva. Escreva. Escreva. Lembre do que aprendeu aqui. Pratique. Escreva. Escreva. Escreva.

Para ajudar, recorte e cole na parede a tabelinha reproduzida a seguir.

...........RECORTE E COLE NA PAREDE...........

Para colar na parede enquanto estiver escrevendo

Estrutura das cenas

Macroestrutura

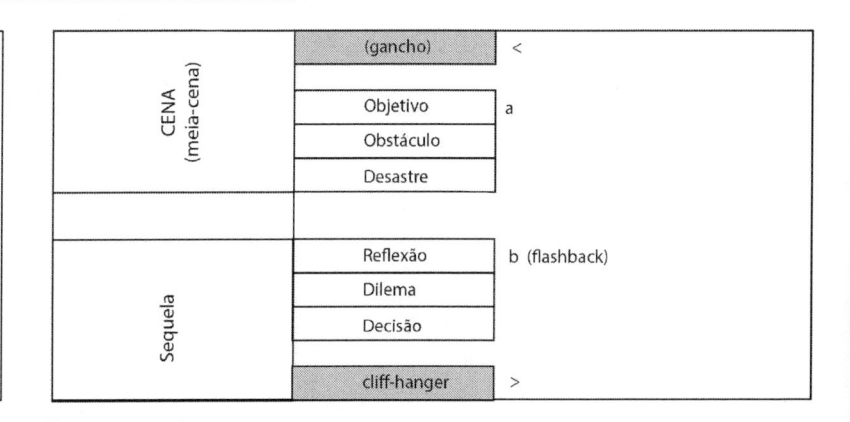

| CENA | CENA (meia-cena) | (gancho) | < |
| | | Objetivo | a |
| | | Obstáculo | |
| | | Desastre | |
| | Sequela | Reflexão | b (flashback) |
| | | Dilema | |
| | | Decisão | |
| | | cliff-hanger | > |

Microestrutura

| Ação/ motivação | a | Pode estar implícito ou diluído nos demais elementos |
| Reação/ consequência | b | Pode estar implícito ou diluído nos demais elementos |
| | | NOTA: Normalmente, 70% ou mais no elemento seguinte |

Como você pôde ver, escrever um romance é muito fácil. Se quiser, mesmo apenas com essas técnicas básicas iniciais já poderá pôr a mão na massa e trabalhar! Boa sorte e espero que nos encontremos logo para mais três horas de treinamento.

Book in a Box
Copyright James McSill 2013

## AGORA PODEM ME CRIVAR DE PERGUNTAS!
james@mcsill.com

Você acabou de experimentar três das primeiras horas de treinamento. Book-in-a-box é um curso completo de nove horas mais trocas de email e sessões de Perguntas & Respostas. Se quiser fazer parte dos grupos de interesse que trabalharão em sessões online ou ao vivo em vários locais no Brasil e em Portugal, escreva para:

james@mcsill.com
www.mcsill.com

**DVS
EDITORA**

www.dvseditora.com.br